Made in the USA
Monee, IL
29 December 2021

87490436R00072